Paarweise

Paarweise

Brigitte Heidebrecht & Gisela Weiß

verlag kleine schritte

ISBN 3-923261-34-9

Auflage: 5. 4. 3. 2. 1.

verlag kleine schritte

Ursula Dahm & Co, Postfach 3903, D - 54229 Trier

Gedruckt auf chlorfrei gebleichtem und säurebeständigem Papier.

Liebe ist ...

... eine Fahrt ins Ungewisse.

... sich füreinander öffnen.

... Fingerspitzengefühl.

... wenn zweien plötzlich Flügel wachsen.

Kein Trinkwasser

... anbändeln

... sich auf's Glatteis wagen.

... Aufnahmebereitschaft.

... aufeinanderzu wachsen.

... zueinanderfinden.

... der Versuchung nachgeben

und gemeinsam genießen.

... eine Entscheidung.

Einbahnstraße
Einbahnstraße

... gemeinsame Ziele verfolgen.

... eine gemeinsame Sprache finden.

स्टार
बियर
STAR
BEER

... schicksalhafte Verstrickung ...

... oder klares Verhältnis.

... gemeinsam aufblühen ...

... und zusammen rumkrebsen.

... sich auseinandersetzen.

... einen gemeinsamen Rhythmus finden.

... Gleichklang

10

und Intimität.

... schwindelnde Höhen erklimmen.

... eine Gratwanderung.

... Achtsamkeit.

... nichts auf die lange Bank schieben.

... in Abgründe blicken.

... sich nicht hinter's Licht führen.

... eine Frage des Blickwinkels.

GALERIE
DER
STADT
STUTTGART
4.9.–
3.11.1991
OTTO DIX

... einander ergänzen.

Oel
Eſſig

... Unterschiede stehenlassen können.

... manchmal in einen Topf geworfen werden.

... Bindung

10

und Freiheit.

... Nähe

und Distanz.

... eins werden und doch zwei bleiben.

... an einem Strang ziehen.

... einen Draht zueinander haben.

... mit Spannungen umgehen.

... nicht Anhängsel, sondern Anhang sein.

... geheimnisse teilen.

... immer wieder

einen Dreh miteinander finden.

... einander begleiten.

... zusammenhalten.

... kleine Fehler übersehen.

... Durststrecken überwinden.

... einander Gewicht beimessen.

... sich auch mal aufflammen dürfen.

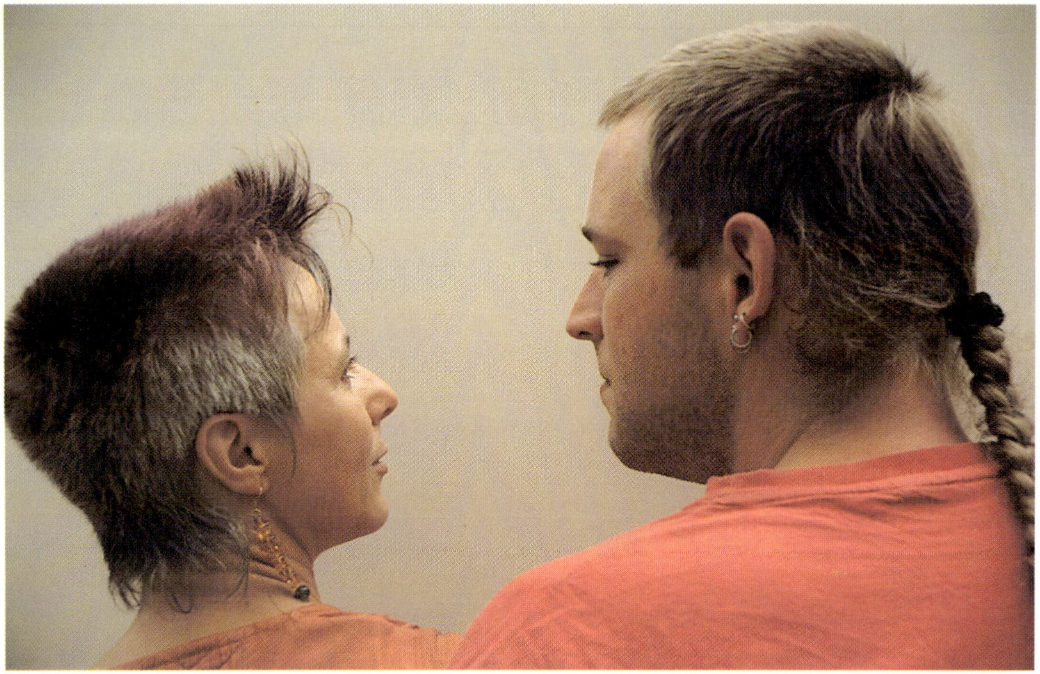
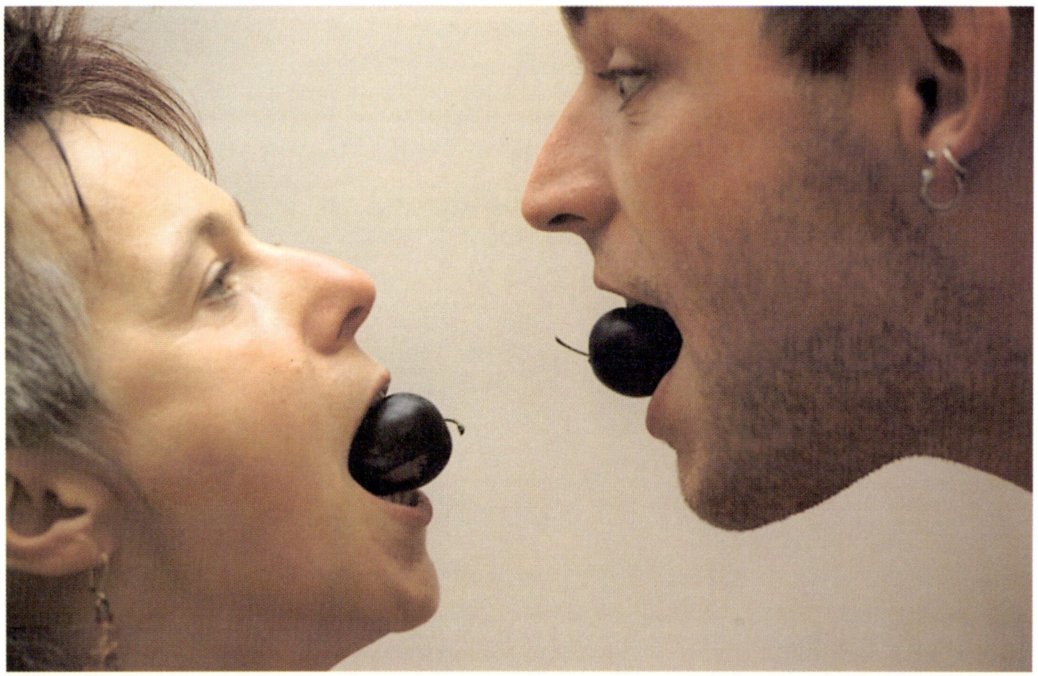

. . . sich einigen .

... Abschied nehmen von Luftschlössern.

... auch ein Stück Arbeit.

... manchmal erbarmungslos.

... einander beistehen.

... ein Ankerplatz für die Seele.

... aneinander reifen.

... mehr als die Summe zweier Teile .

2

... immer wieder anders.